AGENDA

2022

Nom :_____

Prénom :___

Contact :_____

D1717712

NOTES

Samedi

1

Janvier
2022 - S.00

Important :

Dimanche

2

Janvier
2022 - S.00

Important :

Lundi

3

Janvier
2022 - S.01

Important :

Important :

Mardi

4

Janvier
2022 - S.01

Mercredi

5

Janvier
2022 - S.01

Important :

Important :

Vendredi
7
Janvier
2022 - S.01

Important :

Samedi

8

Janvier
2022 - S.01

Important :

Dimanche

9

Janvier
2022 - S.01

Important :

Lundi

10

Janvier
2022 - S.02

Important :

Important :

Mardi

11

Janvier
2022 - S.02

Mercredi

12

Janvier
2022 - S.02

Important :

Important :

Vendredi

14

Janvier
2022 - S.02

Important :

Important :

Important :

Lundi

17

Janvier
2022 - S.03

Important :

Important :

Mercredi

19

Janvier
2022 - S.03

Important :

Important :

Vendredi

21

Janvier
2022 - S.03

Important :

Important :

_____

_____

_____

_____

_____

Important :

_____

_____

_____

_____

_____

Lundi

24

Janvier
2022 - S.04

Important :

Important :

Mardi

25

Janvier
2022 - S.04

Mercredi

26

Janvier
2022 - S.04

Important :

Important :

Vendredi

28

Janvier
2022 - S.04

Important :

Important :

Important :

Lundi
31
Janvier
2022 - S.05

Important :

Important :

Mardi

1

Février
2022 - S.05

Mercredi

2

Février
2022 - S.05

Important :

_____

_____

Important :

Vendredi

4

Février
2022 - S.05

Important :

Important :

Samedi

5

Février
2022 - S.05

_____

_____

_____

_____

_____

Important :

Dimanche

6

Février
2022 - S.05

_____

_____

_____

_____

_____

Lundi
7
Février
2022 - S.06

Important :

Important :

Mardi

8

Février
2022 - S.06

Mercredi

9

Février
2022 - S.06

Important :

_____

_____

_____

_____

_____

_____

_____

_____

_____

_____

_____

_____

_____

_____

Important :

Vendredi

11

Février
2022 - S.06

Important :

Important :

Important :

Lundi

14

Février
2022 - S.07

Important :

Important :

Mardi

15

Février
2022 - S.07

Mercredi
16
Février
2022 - S.07

Important :

Important :

Jeudi

17

Février
2022 - S.07

Vendredi

18

Février
2022 - S.07

Important :

Important :

Samedi
19
Février
2022 - S.07

_____

_____

_____

_____

_____

Important :

Dimanche
20
Février
2022 - S.07

_____

_____

_____

_____

_____

Lundi
21
Février
2022 - S.08

Important :

Important :

Mercredi

23

Février
2022 - S.08

Important :

_____

_____

_____

_____

_____

_____

_____

_____

_____

_____

_____

_____

_____

_____

_____

Important :

Vendredi

25

Février
2022 - S.08

Important :

Important :

Samedi
26
Février
2022 - S.08

Important :

Dimanche
27
Février
2022 - S.08

Lundi

28

Février
2022 - S.09

Important :

Important :

Mardi

1

Mars
2022 - S.09

Mercredi

2

Mars
2022 - S.09

Important :

Important :

Vendredi

4

Mars
2022 - S.09

Important :

Important :

Samedi

5

Mars
2022 - S.09

_____

_____

_____

_____

_____

Important :

Dimanche

6

Mars
2022 - S.09

_____

_____

_____

_____

_____

Lundi
7
Mars
2022 - S.10

Important :

Important :

Mardi

8

Mars
2022 - S.10

Mercredi

9

Mars
2022 - S.10

Important :

Important :

Jeudi

10

Mars
2022 - S.10

Vendredi

11

Mars
2022 - S.10

Important :

Important :

Important :

Lundi

14

Mars
2022 - S.11

Important :

Important :

Mercredi

16

Mars
2022 - S.11

Important :

_____

_____

_____

_____

_____

_____

_____

_____

_____

_____

_____

_____

_____

Important :

Vendredi

18

Mars
2022 - S.11

Important :

Important :

Samedi
19
Mars
2022 - S.11

Important :

Dimanche
20
Mars
2022 - S.11

Lundi

21

Mars
2022 - S.12

Important :

Important :

Mercredi

23

Mars
2022 - S.12

Important :

Important :

Vendredi

25

Mars
2022 - S.12

Important :

_____

_____

_____

_____

_____

_____

_____

_____

_____

_____

_____

_____

_____

_____

Important :

Important :

Lundi

28

Mars
2022 - S.13

Important :

Important :

Mercredi

30

Mars
2022 - S.13

Important :

_____

_____

_____

_____

_____

_____

_____

_____

_____

_____

_____

_____

_____

_____

_____

Important :

Vendredi

1

Avril
2022 - S.13

Important :

Important :

Samedi

2

Avril
2022 - S.13

_____

_____

_____

_____

_____

Important :

Dimanche

3

Avril
2022 - S.13

_____

_____

_____

_____

_____

Lundi

4

Mai
2022 - S.14

Important :

Mardi

5

Mai
2022 - S.14

Important :

Mercredi

6

Avril
2022 - S.14

Important :

Important :

Vendredi
8
Avril
2022 - S.14

Important :

Samedi

9

Avril
2022 - S.14

Important :

Dimanche

10

Avril
2022 - S.14

Important :

Lundi
11
Mai
2022 - S.15

Important :

Important :

Mardi

12

Mai
2022 - S.15

Mercredi

13

Avril
2022 - S.15

Important :

Important :

Jeudi

14

Avril
2022 - S.15

Vendredi

15

Avril
2022 - S.15

Important :

Important :

_____

_____

_____

_____

_____

Important :

_____

_____

_____

_____

_____

Lundi

18

Mai
2022 - S.16

Important :

Important :

Mardi

19

Mai

2022 - S.16

Mercredi

20

Avril
2022 - S.16

Important :

Important :

Vendredi

22

Avril

2022 - S.16

Important :

Important :

Important :

Dimanche

24

Avril

2022 - S.16

Lundi
25
Mai
2022 - S.17

Important :

Important :

Mercredi

27

Avril
2022 - S.17

Important :

Important :

Jeudi

28

Avril

2022 - S.17

Vendredi

29

Avril
2022 - S.17

Important :

Important :

Important :

Lundi

2

Mai
2022 - S.18

Important :

Important :

Mercredi

4

Mai
2022 - S.18

Important :

Important :

Vendredi

6

Mai
2022 - S.18

Important :

Important :

Samedi
7
Mai
2022 - S.18

Important :

Dimanche
8
Mai
2022 - S.18

Lundi

9

Mai
2022 - S.19

Important :

Important :

Mercredi

11

Mai
2022 - S.19

Important :

Important :

Vendredi

13

Mai
2022 - S.19

Important :

Important :

Samedi
14
Mai
2022 - S.19

Important :

Dimanche
15
Mai
2022 - S.19

Lundi
16
Mai
2022 - S.20

Important :

Important :

Mardi

17

Mai
2022 - S.20

Mercredi

18

Mai
2022 - S.20

Important :

_____

_____

_____

_____

_____

_____

_____

_____

_____

_____

_____

_____

_____

_____

Important :

Jeudi

19

Mai
2022 - S.20

Vendredi

20

Mai

2022 - S.20

Important :

Important :

Samedi
21
Mai
2022 - S.20

_____

_____

_____

_____

_____

Important :

Dimanche
22
Mai
2022 - S.20

_____

_____

_____

_____

_____

Lundi

23

Mai
2022 - S.21

Important :

Important :

Mardi

24

Mai

2022 - S.21

Mercredi

25

Mai
2022 - S.21

Important :

_____

_____

_____

_____

_____

_____

_____

_____

_____

_____

_____

_____

_____

_____

Important :

Jeudi

26

Mai

2022 - S.21

Vendredi

27

Mai
2022 - S.21

Important :

Important :

Samedi

28

Mai
2022 - S.21

_____

_____

_____

_____

_____

Important :

Dimanche

29

Mai
2022 - S.21

_____

_____

_____

_____

_____

Lundi

30

Mai

2022 - S.22

Important :

Important :

Mercredi

1

Juin
2022 - S.22

Important :

Important :

Vendredi

3

Juin
2022 - S.22

Important :

Samedi
4
Juin
2022 - S.22

Important :

Dimanche
5
Juin
2022 - S.22

Important :

Lundi
6
Juin
2022 - S.23

Important :

Important :

Mardi

7

Juin
2022 - S.23

Mercredi

8

Juin
2022 - S.23

Important :

Important :

Jeudi

9

Juin
2022 - S.23

Vendredi

10

Juin
- S.23

Important :

Important :

Important :

Dimanche

12

Juin
2022 - S.23

Lundi
13
Juin
2022 - S.24

Important :

Important :

Mercredi

15

Juin
2022 - S.24

Important :

Jeudi

16

Juin
2022 - S.24

Important :

Vendredi

17

Juin
2022 - S.24

Important :

Important :

Samedi

18

Juin
2022 - S.24

Important :

Dimanche

19

Juin
2022 - S.24

Lundi

20

Juin
2022 - S.25

Important :

Important :

Mardi

21

Juin
2022 - S.25

Mercredi

22

Juin
2022 - S.25

Important :

_____

_____

Important :

Vendredi

24

Juin
2022 - S.25

Important :

Important :

Important :

Lundi

27

Juin
2022 - S.26

Important :

Important :

Mercredi

29

Juin
2022 - S.26

Important :

_____

_____

_____

_____

_____

_____

_____

_____

_____

_____

_____

_____

_____

_____

_____

Important :

Vendredi

1

Juillet
2022 - S.26

Important :

Important :

Samedi

2

Juillet
2022 - S.26

Important :

Dimanche

3

Juillet
2022 - S.26

Lundi
4
Juillet
2022 - S.27

Important :

Important :

Mardi

5

Juillet
2022 - S.27

Mercredi

6

Juillet
2022 - S.27

Important :

Important :

Vendredi

8

Juillet
2022 - S.27

Important :

Important :

Samedi

9

Juillet
2022 - S.27

_____

_____

_____

_____

_____

Important :

Dimanche

10

Juillet
2022 - S.27

_____

_____

_____

_____

_____

Lundi

11

Juillet
2022 - S.28

Important :

Important :

Mardi
12
Juillet
2022 - S.28

Mercredi

13

Juillet
2022 - S.28

Important :

Important :

Vendredi

15

Juillet
2022 - S.28

Important :

Important :

Samedi

16

Juillet
2022 - S.28

Important :

Dimanche

17

Juillet
2022 - S.28

Lundi

18

Juillet
2022 - S.29

Important :

Important :

Mercredi

20

Juillet
2022 - S.29

Important :

Important :

Jeudi

21

Juillet

2022 - S.29

Vendredi

22

Juillet
2022 - S.29

Important :

Important :

_____

_____

_____

_____

_____

Important :

Dimanche

24

Juillet
2022 - S.29

_____

_____

_____

_____

_____

Lundi

25

Juillet
2022 - S.30

Important :

Important :

Mercredi

27

Juillet
2022 - S.30

Important :

Important :

Jeudi

28

Juillet
2022 - S.30

Vendredi

29

Juillet
2022 - S.30

Important :

Important :

Samedi

30

Juillet
2022 - S.30

_____

_____

_____

_____

_____

Important :

Dimanche

31

Juillet
2022 - S.30

_____

_____

_____

_____

_____

Lundi

1

Août
2022 - S.31

Important :

Important :

Mercredi

3

Août
2022 - S.31

Important :

Important :

Vendredi

5

Août
2022 - S.31

Important :

Important :

Important :

Lundi

8

Août
2022 - S.32

Important :

Important :

Mardi

9

Août
2022 - S.32

Mercredi
10
Août
2022 - S.32

Important :

Important :

Vendredi

12

Août
2022 - S.32

Important :

Important :

Important :

Lundi

15

Août
2022 - S.33

Important :

Important :

Mercredi

17

Août
2022 - S.33

Important :

Important :

Vendredi

19

Août
2022 - S.33

Important :

Important :

Samedi

20

Août
2022 - S.33

Important :

Dimanche

21

Août
2022 - S.33

Lundi

22

Août
2022 - S.34

Important :

Important :

Mardi

23

Août

2022 - S.34

Mercredi

24

Août
2022 - S.34

Important :

_____

_____

_____

_____

_____

_____

_____

_____

_____

_____

_____

_____

_____

_____

_____

Important :

Vendredi

26

Août
2022 - S.34

Important :

Important :

Important :

Lundi

29

Août
2022 - S.35

Important :

Important :

Mardi
30
Août
2022 - S.35

Mercredi

31

Août
2022 - S.35

Important :

Important :

Vendredi

2

Septembre
2022 - S.35

Important :

Important :

Samedi

3

Septembre
2022 - S.35

Important :

Dimanche

4

Septembre
2022 - S.35

Lundi

5

Septembre
2022 - S.36

Important :

Important :

Mercredi

7

Septembre
2022 - S.36

Important :

Important :

Vendredi

9

Septembre
2022 - S.36

Important :

Important :

Samedi
10
Septembre
2022 - S.36

Important :

Dimanche
11
Septembre
2022 - S.36

Lundi

12

Septembre
2022 - S.37

Important :

Important :

Mercredi

14

Septembre
2022 - S.37

Important :

Important :

Vendredi

16

Septembre
2022 - S.37

Important :

Important :

Samedi
17
Septembre
2022 - S.37

_____

_____

_____

_____

_____

Important :

Dimanche
18
Septembre
2022 - S.37

_____

_____

_____

_____

_____

Lundi

19

Septembre
2022 - S.38

Important :

Important :

Mercredi

21

Septembre
2022 - S.38

Important :

Important :

Jeudi
22
Septembre
2022 - S.38

Vendredi
23
Septembre
2022 - S.38

Important :

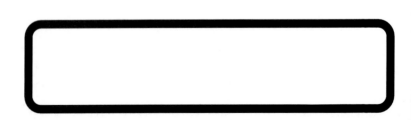

Important :

_____

_____

_____

_____

_____

Important :

_____

_____

_____

_____

_____

Lundi

26

Septembre
2022 - S.39

Important :

Important :

Mardi

27

Septembre
2022 - S.39

Mercredi

28

Septembre
2022 - S.39

Important :

Important :

Vendredi

30

Septembre
2022 - S.39

Important :

Important :

Samedi

1

Octobre
2022 - S.39

Important :

Dimanche

2

Octobre
2022 - S.39

Lundi

3

Octobre
2022 - S.40

Important :

Important :

Mercredi

5

Octobre
2022 - S.40

Important :

Important :

Vendredi

7

Octobre
2022 - S.40

Important :

Important :

Samedi

8

Octobre
2022 - S.40

_____

_____

_____

_____

_____

Important :

Dimanche

9

Octobre
2022 - S.40

_____

_____

_____

_____

_____

Lundi
10
Octobre
2022 - S.41

Important :

Important :

Mercredi

12

Octobre
2022 - S.41

Important :

_____

_____

_____

_____

_____

_____

_____

_____

_____

_____

_____

_____

_____

_____

Important :

Vendredi

14

Octobre
2022 - S.41

Important :

Important :

Samedi

15

Octobre
2022 - S.41

Important :

Dimanche

16

Octobre
2022 - S.41

Lundi
17
Octobre
2022 - S.42

Important :

Important :

Mardi

18

Octobre
2022 - S.42

Mercredi

19

Octobre
2022 - S.42

Important :

_____

_____

_____

_____

_____

_____

_____

_____

_____

_____

_____

_____

_____

_____

Important :

Jeudi

20

Octobre
2022 - S.42

Vendredi

21

Octobre
2022 - S.42

Important :

Important :

Samedi

22

Octobre
2022 - S.42

_____

_____

_____

_____

_____

Important :

Dimanche

23

Octobre
2022 - S.42

_____

_____

_____

_____

_____

Lundi

24

Octobre
2022 - S.43

Important :

Important :

Mercredi

26

Octobre
2022 - S.43

Important :

Important :

Jeudi

27

Octobre
2022 - S.43

Vendredi

28

Octobre
2022 - S.43

Important :

Important :

Samedi

29

Octobre
2022 - S.43

Important :

Dimanche

30

Octobre
2022 - S.43

Lundi

31

Octobre
2022 - S.44

Important :

Important :

Mercredi

2

Novembre
2022 - S.44

Important :

Important :

Jeudi

3

Novembre
2022 - S.44

Vendredi

4

Novembre
2022 - S.44

Important :

Important :

Samedi

5

Novembre
2022 - S.44

Important :

Dimanche

6

Novembre
2022 - S.44

Lundi
7
Novembre
2022 - S.45

Important :

Important :

Mardi

8

Novembre
2022 - S.45

Mercredi

9

Novembre
2022 - S.45

Important :

Important :

Vendredi
11
Novembre
2022 - S.45

Important :

Important :

Important :

Lundi

14

Novembre
2022 - S.46

Important :

Important :

Mercredi

16

Novembre
2022 - S.46

Important :

Important :

Vendredi

18

Novembre
2022 - S.46

Important :

Important :

_____

_____

_____

_____

_____

Important :

_____

_____

_____

_____

_____

Lundi

21

Novembre
2022 - S.47

Important :

_____

_____

_____

_____

_____

_____

_____

_____

_____

_____

_____

_____

_____

Important :

Mardi

22

Novembre
2022 - S.47

Mercredi

23

Novembre
2022 - S.47

Important :

Important :

Vendredi

25

Novembre
2022 - S.47

Important :

Important :

_____

_____

_____

_____

_____

Important :

_____

_____

_____

_____

_____

Lundi

28

Novembre
2022 - S.48

Important :

Important :

Mercredi
30
Novembre
2022 - S.48

Important :

Important :

Vendredi

2

Décembre
2022 - S.48

Important :

_____

_____

_____

_____

_____

_____

_____

_____

_____

_____

_____

_____

_____

_____

Important :

_____

_____

_____

_____

_____

Important :

_____

_____

_____

_____

_____

Lundi

5

Décembre
2022 - S.49

Important :

Important :

Mardi

6

Décembre
2022 - S.49

Mercredi

7

Décembre
2022 - S.49

Important :

Important :

Vendredi

9

Décembre
2022 - S.49

Important :

Important :

Samedi
10
Décembre
2022 - S.49

_____

_____

_____

_____

_____

Important :

Dimanche
11
Décembre
2022 - S.49

_____

_____

_____

_____

_____

Lundi

12

Décembre
2022 - S.50

Important :

Important :

Mardi

13

Décembre
2022 - S.50

Mercredi

14

Décembre
2022 - S.50

Important :

Important :

Vendredi

16

Décembre
2022 - S.50

Important :

Important :

Samedi

17

Décembre
2022 - S.50

Important :

Dimanche

18

Décembre
2022 - S.50

Lundi

19

Décembre
2022 - S.51

Important :

Important :

Mercredi
21
Décembre
2022 - S.51

Important :

Important :

Vendredi

23

Décembre
2022 - S.51

Important :

Important :

Samedi
24
Décembre
2022 - S.51

_____

_____

_____

_____

_____

Important :

Dimanche
25
Décembre
2022 - S.51

_____

_____

_____

_____

_____

Lundi

26

Décembre
2022 - S.52

Important :

Important :

Mardi

27

Décembre
2022 - S.52

Mercredi

28

Décembre
2022 - S.52

Important :

Important :

Jeudi

29

Décembre

2022 - S.52

Vendredi

30

Décembre
2022 - S.52

Important :

Important :

_____

_____

_____

_____

_____

Important :

_____

_____

_____

_____

_____

REPERTOIRE

Nom :

Téléphone :

Adresse :

E-Mail :

Nom :

Téléphone :

Adresse :

E-Mail :

Nom :

Téléphone :

Adresse :

E-Mail :

Nom :

Téléphone :

Adresse :

E-Mail :

Nom :

Téléphone :

Adresse :

E-Mail :

REPERTOIRE

Nom :

Téléphone :

Adresse :

E-Mail :

Nom :

Téléphone :

Adresse :

E-Mail :

Nom :

Téléphone :

Adresse :

E-Mail :

Nom :

Téléphone :

Adresse :

E-Mail :

Nom :

Téléphone :

Adresse :

E-Mail :

REPERTOIRE

Nom :

Téléphone :

Adresse :

E-Mail :

Nom :

Téléphone :

Adresse :

E-Mail :

Nom :

Téléphone :

Adresse :

E-Mail :

Nom :

Téléphone :

Adresse :

E-Mail :

Nom :

Téléphone :

Adresse :

E-Mail :

REPERTOIRE

Nom :

Téléphone :

Adresse :

E-Mail :

Nom :

Téléphone :

Adresse :

E-Mail :

Nom :

Téléphone :

Adresse :

E-Mail :

Nom :

Téléphone :

Adresse :

E-Mail :

Nom :

Téléphone :

Adresse :

E-Mail :

NOTES

Printed by Amazon Italia Logistica S.r.l.
Torrazza Piemonte (TO), Italy

51038560R00181